JN411004

그 바람은 꽃바람

이 도서의 국립중앙도서관 출판예정도서목록(CIP)은 서지정보유통지원시스템 홈페이지(http://seoji.nl.go.kr)와 국가자료종합목록 구축시스템(http://kolis-net.nl.go.kr)에서 이용하실 수 있습니다. (CIP제어번호 : CIP2020016249)

그루 현대시인선 17

그 바람은 꽃바람

이행우 시집

그루

시인의 말

지난날의 순수한 감성과 순정으로 써 온 습작을 모아 놓고 보니 부끄럽고 아쉽습니다. 약관弱冠에 고향을 떠나 이순耳順을 바라보기까지의 세월을 회상하면서 고향을 향한 그리움과 추억들을 되짚어 본 진솔한 마음의 그림들을 한데 묶어 보았습니다.

마음은 언제나 고향에 두면서 살아왔다는 생각이 새삼스럽고, 그 향수가 다시 새롭게 살아나는 것 같기도 합니다. 저를 아시는 모든 분들의 바람이 꽃바람이 되기를 바라며, 이 하찮은 시집 출간에 도움을 주신 분들께 깊이 감사드립니다.

2020년 가정의 달에

이행우

차례

제1부

제2부

제 3 부

제4부

제1부

내 고향

송사리 몰이에
모래탑 쌓던
백사장
눈이 부시다

벼락바위 모퉁이 돌아
살금살금 수박 서리
개구쟁이들
시장기 달래고

모래무지, 피라미, 송어,
검정 고무신 가득
다슬기 주워
호박잎 된장국 끓이며
연시빛 노을이
내릴 때쯤

금빛 모래밭
유년幼年이 반짝거리던
은어 떼

지금은
물이끼 녹색말 덮인
고향 모래밭

매전梅田 예찬

사철 봄바람 부는
내 고향
눈도 녹기 전
흰 꽃 붉은 꽃
다투어 피는 매화밭,
그 꽃나무에 열매 열리면
매실밭,

매전이다

곰티재 넘어
가시나무 울을 끼고
비탈길 걸으면
감꽃 이우는 소리
먼 산마루에서
솔꽃 향내 불어오던
추억이 사는 곳

어매 있고
동무들 많고
유천교 건너들면
동창천이 흘러가고
꽃 피고, 열매 맺고
풍성한 가을 들판만큼
인정이 넘실거리는, 사람들
맑게 사는 청도淸道
무심교 기차바위
꿈을 키우던
고향이다

사철 꽃이 피는
매전

고향의 땅

동에는 용, 푸른 언덕 너머
호랑이바위 자락 사이
사백 년쯤 앉은 자리

쑥, 냉이 같은 정으로
보릿고개 넘어
삭힌 풋감으로
삼복 긴 하루, 더운
허기도 채우고

푸성귀, 들나물 생채
지칭개, 민들레,
풋풋한 인심

동창천 물줄기 끝에
천수답 물꼬 트고
황금빛 가을 들녘 바라며

영그는 대추
알알이 꿈을 달았다

감나무 꼭대기에
까치밥 남기는
후한 마을
당호리

아직 그대로
고향

고향의 강

거슬러 가는 물살에
함석배 띄워

별빛 담고
달빛 실어
하늘빛 바람 타고
고향으로 흐르는
물소리

냇가
모래밭에 남은
숱한 발자국
눈시울에 묻혀
희미한 눈썹달 아래
들판 너머 마을로
뜸부기 소리 따라

고향으로 흐르는
그리움

두견새

지천이다, 밤꽃
향기 흐드러진 밤

불쑥불쑥 불거지며
달빛 쿡쿡 지지르며
푸르른 밤에 어우러진다
유월의 밤나무 숲
두견새 저 소리

꽃잎 없이 늘어진 향기에
이 한 밤 길지 않다
삼경三更을 우는 소리
밤꽃 향기를 흔든다

향기 따라, 밤꽃
허공을 돌아
밤나무 꽃그늘
두견새 소리

목련꽃

잠 설치고, 햇살
눈 시린 아침
창 열면
목련꽃

곁눈 아리게
맑은 향기
인연인 듯 아닌 듯
바람으로
일렁이다

지는 것이 두려우면, 꽃
피기를 바랐으랴만

잎보다 앞서
봄 타는 목련
꽃잎
흐늑이는
은물결

상춘賞春

잔설 위로
봄바람 불어
햇살 눈부시고

남성현 너머
장미공원, 백합공원
뻐꾸기 울음소리

복사꽃
고운 미소
옆자리에 앉네

봄은 바람이 되고

가슴 열고
하늘과 함께
내 마음
별빛이 된다

연분홍
금빛 계절에
애타는 꽃비
복사꽃
하염없이 내리다

창을 열면
순한 속살로 다가드는
봄
바람

긴 숨 들이켜면, 나는
꽃이 되고, 꽃은
봄이고
봄은
바람이 되어

그 바람은 꽃바람
봄의 향기

동창천

검정 고무신 움켜 안고
건너만 바라보고
물 가운데 서면
장난스럽게
집적대는 송사리들
같이 건너던
동창천東倉川*

물살 세지 않지만
발등으로 모래가 쓸리고
소리 없이 따라와
물빛에 잠기던
흰 구름
맑은 개울

동창천
팔월은
은모래빛이다

* 운문댐 하류, 밀양강 상류

찔레꽃 필 무렵

아찔한 찔레꽃 향기
봄의 향연 펼치는
밭두렁
한나절

산기슭 아카시아 숲 그늘에
연한 돌나물
빤하게 퍼지는
된장국 냄새 좇아
타박거리는 아이들
발소리에 걸려
꽃잎이 흔들린다

초승달 절며 오르는
뒷산 중턱
소쩍새 소리에
하얀 찔레꽃 피면

어머니의 눈가에
주름지는 고향

향수鄕愁

동실재* 넘으면
늘 빛 훤하도록
올망졸망 사는 곳

굽이도는 맑은 물빛
밝은 인심, 잔잔하게
동창천
변함없이 흐르고

청룡 백호의 터를 골라
삼족당**을 굽어보는
언덕 위에
삼족대三足臺***
구만리를 나는
팔작지붕

초승달
눈썹 미소에
저녁노을 붙잡고
뒷산자락 오르는
뜸부기 소리

세상 이른봄이
하나 둘
열리는 옛 마을

* 청도군 매전면과 금천면의 경계 지역
** 삼족대 앞을 흐르는 동창천의 한 굽이 소용돌이
*** 청도 매전에 있는 정자(조선 중종 때 김대유金大有가 건립)

청도에 가면

이슬 머금고, 아침
갈지고개 넘어
청도에 가면

봄바람에
화들짝 핀
복사꽃
꽃바람 지나는
이맘때쯤

운문댐
물빛 아래로
은어 떼 오르고
하늘 아래 산과 들이
때를 잊고
영그는
내 고향 청도

도원향桃源鄕이다

감꽃 향기

동구 밖 느티나무 아래
자잘한 계절들이
물오른 봄날

감나무 밭
비탈로 불어오는
감꽃 향기
운문댐
물안개에 어울려
속절없다

훤한 계절의 언덕에 서면
꿈같은 물빛에
비치는 햇살
운문댐
맑은 물결

출렁거리는
물소리
하늘을 걷는다

미루나무

눈 감으면
싱긋 웃는다
자욱한 안개에 싸인
빛바랜 사진

상처만큼 깊은 추억 담고
미루나무 서 있다

풀꽃들, 이름 없이
앉아 있는
강변을 따라
꿈처럼 자욱한 안개 속에
기슭만 어렴풋한 산도
희미한 햇살도
의미 없다

봄바람
어슬렁거리는
방죽길 따라
미루나무

흑백 사진에 박힌
눈빛처럼
그립다

어매요

꽃다운 갓 스물에
가난하게 시집와서
초가 단칸에서 일곱 남매 길러
진일, 마른일, 안일, 바깥일
물 마를 날 없는 손
정성으로 다 키워
시집장가 보내고, 이제
그 세월 흔적만 남은
꼬부랑 할미

매운 눈썰미는 어떡하고
아들 보고 생질 이름 곱씹으며
겉옷에 속옷 입는다고 떼쓰다
울컥하여 돌아서는 내 마음
두루마리 화장지 들고
아무 일 없었던 듯
따라나서는 철부지
울 어매

일곱 남매 다 키운 울 어매, 우리
일곱은 어매 하나 마음도 못 채울까
어린 우리 달래던
그 마음 새로워
눈시울이 뜨겁다

돌아오는 중에도,
밥상머리에서도,
마주섰던 흰 벽이 눈에 선해
내일은 어매 보고 출근해야지

손전화를 만지작거린다

봄을 건너는 풍경

햇살
담 모퉁이 서성일 무렵

나무지게 위에
갓 핀 진달래
우쭐우쭐 봄을 건너면
양철 두레박
우물가는
꽃밭이 되고

한 집 건너 집집이
청보리 삶아
돌담길 비좁게
훈훈한 봄 내

따사로운 마을 풍경

굴뚝 연기
노을에 어리는
그리움

제 **2** 부

빈 잔

현기증 치솟는 봄 하늘
햇살을 시샘하듯
먼 천둥소리에
흔들리는
상식

봄 꽃잎 사이에 때 없는 단풍
늦은 눈바람에 화들짝 핀 코스모스
시끄럽게 가슴 치는 팔월의 우박
웬 메뚜기 떼 지나간 밀밭
동짓달에 부는 태풍까지

고래에게 사랑을 고백하는
새우의 용기로

현란한 한 잔보다
무거운 현실의
빈 잔

촛불

나를 향해
너는
온몸을 태운다

내 가슴에, 밝은
씨앗 하나 심고
촛불은
해가 되고
별이 되고

나는
너의
그림자일 뿐

네가 연기로 타면 탈수록
네가 바람으로
흔들리면 흔들릴수록
내 마음은
불꽃이 된다

오월의 신천

대구 도심으로
신천 천변
반반천 년을 흐른다

가창 맑은 내
수성천으로 이어지고
상동교 중동교를 건너면
김광석의 기타 소리
방천시장에 울려 퍼지고
신천 철교 밑을 지나는
잉어 떼, 보기 좋은
오월 강변 분수대
칠성시장

삼십 리쯤 흘렀나

덩굴장미 빨간 햇살 사이로
경대교 지나면
무태교 보洑를 넘는
금호강이 반갑다

희망의 달구별
젖줄 같은 신천을 따라
수채화 풀어낸다

동행

함께 걸어가 줄 동행 하나 있으면
좋겠다, 내 이야기 들어 줄 동행
내 속을 보고도 비웃지 않을,
부끄러운 삶 엿보지 않고
어둠에서 손 내밀어 줄
동행 있으면 좋겠다

슬플 때 눈빛으로
기쁠 때 가슴 품으로
마음을 트고
말할 수 있는 동행
하나 있으면

그를 위해 빛이 되고
꽃이 되고, 향기
은은한 동행이고 싶다

나를 위해,
그를 위한 동행
하나 있었으면 좋겠다

저녁 하늘

저 하늘, 내 고향
노을빛 그 하늘
팔공산에도 있다

솔바람 소리
계곡 물소리
못내 감추고
뜨겁게 흐르는 하루
목 잠긴 사내의 하늘
팔공산 자락을 이어
피어나는 지난날
서녘으로 넘기고

풍화하는 그 하늘
잿빛으로 환원하여
울컥거리는 고향 하늘

퇴근 무렵
팔공산에도 있다

꿈

하늘을 열고
별빛 뿌리며
내려온다

금가루 날리듯
마음 하나
창문 흔들어
나를 깨우고
바람이 되면

푸른 무엇보다
더 푸르게
눈부신
향기

꿈을 깨면, 나는
못내
목이 마르다

해바라기의 꿈

꿈을 머금고, 소녀
해를 바라
아무도
엿볼 수 없다

긴 목마름, 열정의
시선을 따라
머무는
한 줄기
바람의 눈짓

몸부림일까
소나기 쏟은
한낮
밭둑길 따라
무지개 부풀고

가슴에 가득
해 바라는 열정
찬란하다

산사山寺의 아침

이슬 머금고, 풀잎
길 맞이하는 아침
학승學僧의 법고 소리
가야산 산문山門을 연다

안개 걷고
귀를 여는 새벽
독경 소리
해묵은 바람에 실려
산문을 나서
해인사
절골로 내려서면

창호에 깊이 밴
큰스님의 죽비 소리
잠 설친
망념을 끊는다
계곡을 흐르는
경염불 소리 따라

도란거리는 햇살도
삭발할
산사의 아침

감나무 잎 하나가

별들의 속삭임
한 집,
두 집,
마당에
소복이 쌓이고

도란도란 엮어내는
정겨운 밤
도닥이는
어머니의 손길에
깊어 간다

어둠을 터는
날갯짓으로
가물거리는 호롱불
눈에 익을 무렵
흙담 위에는
어둠 덜 걷힌 새날

감나무 잎 하나가
가지 끝에서
눈 비빈다

팔순 부모님 곁

도회의 눈을 잠시 감고
찌든 회색 바람 비껴
어머니의 벽에 기대앉는다

해변이 있고, 바다가 보이고
나무숲 따라가다 보면
푸른 계곡 맑은 물이
숲길로 이어지는 여유

잘 익은 수박 갈라놓고
모깃불도 있고
반딧불도 있는
평상에 앉아
달 없는 밤에
은하수를 건넌다

팔순 부모님 곁
피서避暑

매미 소리에 잠이 깨고
탈탈! 탈탈탈!
감나무 그늘에서, 아침
갈매기 소리보다 훨씬
친절한 경운기 박자
아버지 걸음도 가벼워지고
그제야, 허리 펴는 어머니
긴 숨을 돌린다

강된장에 호박잎
어머니의 손맛

별들이 반짝반짝
흐르는 여름

사부곡思父曲

— 소상小祥

뿌리쳐, 손 놓고
떠나신 지 일 년

문득 오시려나,
당신께서 즐기시던
다슬기 생채 한 대접
촛불로 길 밝히고
향 올리며
기별을 기다리다

쌍촛대 사이 내왕 흔적도
흠향하신 자취도 없어
황토에 드신 연후에
놓친 손 다 잊으시고
유유자적하시는가

아무튼 안녕하시어
이승 인연 잊으시고
정토왕생 하소서

갓바위

초이렛날
팔공산 자락
뻐꾸기
울음소리 속절없고
유난한 초승달
묵은 인연

어스름 달빛 타고
공산公山에 내려
알듯 말듯
속俗진 가슴

生　　　　　　　　　　생
　老　　　　　　　　로
　　病　　　　　병
　　　死　　사
　　　　!

염화미소
새벽을 연다

내일로 가는 오늘

가슴을 펴
마음을 털고
무릎 뻗어
허리를 세운다

그리고 고개 들면
하늘이 있다

무릎 접고, 허리를 꺾어
마음을 덮어
가슴 짓누르던
어제의
하늘이 아니다

내일로 가는 오늘이다

개나발

넘치는 듯, 그러나
주량은 없다
다만, 모자라면
섭섭할 뿐

개인을 위하여
나라를 위하여
발전을 위하여
또, 건배

세상 조용해질 때까지

약간의 두통과 함께
어젯밤은
매번
개
나
발
이었다

오늘도 걷는다

쳇바퀴 따라
열심히 걷는다

어제 갔던 길
오늘 다시 걷는다
앵무새 소리 휘파람 불며
어제를 밀어내듯
오늘을 간다

다람쥐의 쳇바퀴

제3부

동곡장 가던 날

보릿고개
한 시름 재우고
다랑논에 모내고

동생들 잘 보면
백고무신 사 준다고
보리쌀 너 되에
콩 반 말 이고, 어머니
동곡장* 가던 날

감나무 그늘 따라
숨바꼭질에
공깃돌 놓고
소꿉놀이
한나절 훨씬 지나

실려 온 장바구니에
명주 실타래와 미역 반 손

—큰물에 고무신 장수, 엿장수, 다 떠내려가고
  동곡장도 서는 둥 마는 둥 했다
그날

감나무 밭에는
마른번개 한 번 스치지 않고
죄밑에 속만 타던
어머니

*청도군 금천면 소재지 오일장

눈높이

무지 높아
오르기도 험했던
뒷산, 용감하게 오르면
내가 장군이다
웅장한 성터

시나브로 낮아져
아담한 민둥산
놀이동산이다

넓고 깊다고
물귀신 있다고
함부로 들지 말라던
삼족당三足堂*

보일 둥 말 둥
피라미 겨우 노는
쉬운 개천이다

힘든 뒷산도, 험한 물살도
다 어디 갔는지
어릴 적 내 고향

*삼족대 밑으로 흐르는 작은 소沼

징검다리

도심을 걷는
큰길가의 가로수
그 옛날, 맑은
하늘이 그립다

햇살 가득하고
사랑이 도도록한
세월의
징검다리

내 유년의 동창천
성큼성큼 건너가다
징검다리 중간쯤에서
되돌아보면

동창천 징검다리
부서지는 물살
햇살 흘리며
그대론 듯
아닌 듯
낱낱이 세고 있다

나를 마주해
세월을 빗질하듯

가을은

산마루에서
능선 따라, 붉은
비단을 밟고 온다
가을은

파란 하늘 이고
맑은 방울 소리
바람을 타고
고추잠자리, 빨갛게
애만 태우며

가을은
떫은 듯 익어 가는
풋사랑

강나루 황금 물빛
사립문에 어른거릴 때
어렴풋한
그리움처럼 간다

들국화

고추잠자리 맴돌다 간
노을을 등진 채
그리움
붉게 번진
가을 하늘

그리움 활활 타며
서러움의 불티 날리다
눈물로 어우러져
밤이슬 맺히면

뼛속을 스미듯
배어나는 그 향기
가을 하늘에
수繡를 놓는
들국화

그리움

호수에 지는
파문

갈대밭을 서성이는
해 질 녘 가을바람

내 마음에
자국 남기고
가 버렸다, 추억으로

그렇게 가고
그렇게 남은
안타까움

먼 하늘로 나는
새날 아침
까치 소리에도
미련을 두고

마음 설레는
그리움

사리암 풍경 소리

누이의 여린 마음
애틋하다, 열세 살쯤

경염불 소리
갈참나무 숲을 지나
상수리 나뭇잎 흔들고
계곡에 이를 무렵

사리암
꽃울타리에
풍경 소리 걸치고
절 마당 비질 따라
되뇌는 독경 소리
고추잠자리 한 마리
아직 발그레한 비구니
등 뒤를 나는데

절집 하늘은
벌써
국화 향기에 젖는다

까치 소리

너, 참 착하구나
아침 까치

부모님 안부 물고 와
고향 소식 전하고
여기저기 먼 친구들의
근황도 알려 주고
정다웠던 이웃의
오래된 마음도
옮겨 주는
까치 소리

감나무 가지 끝에
빨갛게 매달린
반가움

갈대숲

갈바람 소리에
천변 갈대숲 갈대
하늘을 본다
황혼의 강물은
하늘에 맞닿아

저무는 하늘은, 시방
타는 불빛이다

뜨거운 하늘빛에 되비쳐
갈대도 뜨겁게
바람 소리 익어 가는
붉게 물든
천변 갈대숲

타고 남은
빈 하늘
갈대숲에 잠긴다

가을 무렵

가지 끝 꼭대기에
홍시 다 익은
가을

구절초, 금불초 사이
국화꽃 가을 꽃밭에
두서없이 맴도는
고추잠자리 셋
어긋난 짝으로
날고 있다

능금밭 울타리 옆으로
물결처럼 이어지는
가을
구름을 벗하여
하늘만큼 넓은데

뒷마루 굴뚝에서
한가하게 피어오르는
연기 한 자락

노을빛, 가을
하늘가를 걷는다

그때 그 자리

쉼없이 흐르고
계절 바뀌고, 많이
곱던 웃음도 아득한 사이
그때 그 자리

동구 밖 까치 소리
소복이 쌓였다

산굽이 돌아서
뻐꾸기 소리 앉았던 자리에는
진달래꽃 벌써 피었고

눈에 선한 검정 고무신
신발 자국만 어지럽다
웃음소리도 없이

그때 그 자리에서
다시 보는
하늘에는
연한 구름만 지날 뿐

희미한 노을빛

뜨겁던 젊음
시절을 삼키고

마른기침 몇 번에
낯선 얼굴로, 성큼
다가서는
세월

아직은 희미한 노을빛

쭈뼛쭈뼛
덜 익은 벌판에, 가을
하늘 한 번 볼 사이도 없이
구름 몇몇이 벌써
노을빛 저녁을
기웃거린다

끝도 없을,
뵈지도 않는 길을
재촉하며

가을을 보내며

한창 단풍철에
흔들리는 가을꽃
바람 소리

낙엽 밟으며
미련 없이 가는 길
분답하고

떨어지는 것 안타깝고
가는 것이 아쉬워
아픈 마음

서리 내린 새벽
뒹구는 사연들, 숨어
몰래 보내는 마음

잎 밟는 소리마다
흔들리며
떨어지며 가을은 간다

노을빛 소묘

갈대숲 사이로
헛웃음처럼 비친다
아직 못다 핀 듯
불그레한 저녁 하늘

한낮의 그림자
길게 당겨 놓고
울음이라도 곧 터트릴 듯
덜된 몸살 앓을 듯
달막거리는 시간

노을의 입술은 연한 연지빛이다

붉은 한낮 한 모금쯤 머금은
바람은, 잘 익은
능금빛
가슴을 채우고

귀뚜리 소리
서툰 몸살을 앓는다

만추

토담집 굴뚝에
구름빛 연기
게으르게 오르면

하늘은 가을빛이다

뒤뜰 감나무에는
가지마다 노을빛
영글어 가는데

바람도 가을빛이다

바라보며 기다리며

아쉬운 마음 있어
해 지는 대로
해 뜨는 대로
고개 내밀고
바라본다

한낮이 지나고
길어지는 그림자
끝에 서서 바라본다
어디쯤인지
언제쯤일지
눈을 비비고

흘러가는 물빛을 보듯
멀어져 가는 구름을 보듯
내게로 일렁이는
파문을 안고

가을 들판을 돌아
또 어디로 떠날
노을빛 세월을
바라본다

산 그림자 길어지면

산마루 아래로
그림자 길어지면
인연들 뒤엉켜 흐르는
석양의 나루터

외로움일까
그리움일까

헤맨 시간들, 나루터
출렁이는 노을에
흔들리는 잿빛 미련
시들 때쯤
빈 웃음소리
노을에 젖는다

강변 저만치
산 그림자만 드리우고
아직 건너지 못한
나루터의 고요

미명의 세월
타래를 감고 있다

제 4 부

꼬리연鳶

연실 하나에 이끌려
치고 오른다, 하늘로
꼬리 길게 달고
깊은 마음
날아오른다

꼬리연

가면을 벗고
인연도 거두고
손 다 씻고 깨끗하게
긴 꼬리 달아, 연鳶
하늘은 넓다

대竹쪽 올곧게
가로질러
빠근한 가슴을 잇는
사금파리 먹인
겁 없는 연줄
오직

높은 하늘뿐

감았다 풀고
당기고
다시 놓아 보는
손끝 가볍게

하늘
연 꼬리에 매달린다

빈자리 돌아보며

노을 녘
긴 그림자
다시 올 수는 없었는가

내가 있고,
노을에 젖어
마주앉은
환한 웃음이 있었는데

다시는
되돌릴 수 없는 시간
저물어 가고
타는 노을을 보는 아픔

눈 가린 듯
산허리를 휘돌아 오는
숨막히는 기다림
빈자리 돌아보는
숨은 그림자의
슬픔

노을빛,
빈 잔에 담아
그리움을 가늠한다

푸른 추억

넓어진 이마
희끗희끗한 머리
어김없다, 시간의 흔적

겁나게 울던 하늘
난데없는 먹구름
캄캄하게 부는 바람

뜨거운 햇살 아래
누가 있어
돌아보면
누구가 있었고
누구누구도 있었다

잊지 말아야 할
이름들을 좇아
꾼 꿈으로 새겨진
푸른 추억

견딜 수 없는 목마름

그 이름들 바라며, 다시
돌아본다

새벽을 우는 목어

살짝 열린 문틈으로
몰래 들어, 달빛
밝은 어간御間*
훤히 보는 여래상

풍경 소리 따라, 때로
바람 소리를 이어
합장한 손끝으로
임 찾는
바람

새벽을 우는 목어木魚
애틋한 마음

빛을 구해 촛불을 밝히고
눈을 떠 진리를 찾는
이 밤
그림자 아직 긴데

벌써
절 문을 나서는
쇠북소리

*법당이나 큰 방의 한가운데

너와 나

자릿내 물길 따라
날이 가고
바람으로 만나는 너와
나의 길목에 하얀 물살
꽃가루처럼 날린다

강둑 끌어안고
큰물 지나는 갈대처럼
어눌했던 갈림길

가고
보내고
그리움
구름처럼 떠 있다

자릿내
그 물길은
꽃처럼 피고 지는데

설화雪花

나뭇가지 위에도
눈 시린
겨울밤
하얗게 쌓였다

빨간 동백꽃, 꽃
잎사귀 다 숨기고
담장 울타리에서
장독대를 덮어
하늘 끝까지
겨울
꽃밭이다

순백의 아침

내 마음도
하얀
한 송이 꽃이 되고

아들아

— 이 강산은 너희들의 것이다

—다녀오겠습니다

할말 없이, 한참
캄캄한 그 속에서
문 열고 나서는
뒷모습

—걱정 마십시오

걱정 말면, 나는 어쩌고?
걱정도 않고 뭘 할꼬?
눈 감으면 보일 테고
식탁에 앉으면, 함께
도란거릴 텐데
염려하지 말라니

—건강하십시오

떠나는 것인지
보내는 것인지

발소리만 남는다, 겨우

—그래, 알았다. 너도……

오늘도
내일도
이 강산은 너희들의 것이다
아들아,

—장하게 다녀오너라

돌아오는 것들을 기다리며

된바람 되어, 어느새
골목 초입에 들어
길모퉁이 돌고
문풍지 기웃거리면

무한궤도 타고
떠나고
돌아오고
갈 곳 찾아
기다리는 시간

출렁거리며 흔들리며
물가로 번지는 파문
스쳐 가는 것도
흔적을 남기면
아픔으로 남는다

세월은
돌아오는 것들을 보며

떠날 때를
기다리는
무한궤도의 시간

입동立冬

입춘立春에 쫓겨났던
찬바람 갈기 세워
골목 어귀에
뒤란 쪽에, 벌써
발소리 들린다고

들썩거리는 소리

계절을 가로질러
힐끗거리며
아랫목에
자리 잡는다

이제 시작이란 듯이
입동立冬

인연인 줄 모르고

서로 눈빛 닿아
옷자락 스쳤다는데
인연
한 번을 위하여
천 번이었다는데

귀한 줄도 모르고

옷소매 잡는 봄바람
무심코 봤던 구름
귀찮았던 벌나비
처음 들어 보는
새소리

천 번을
잊어버린 마음
무슨 인연이기에

그냥 갈 수 있다니

그립습니다, 어머니

가지 사이로, 찬바람
머뭇거리는 지금
그립습니다, 어머니

늦은 계절 꼬투리로
실버들 싹이 트는 강둑
물가에 앉아, 아들은
어머니가 그립습니다
야윈 손마디가 떠오르고
발자국 소리와 함께
그 목소리도
그립습니다

머리를 쓰다듬던
따뜻한 손, 밤낮없이
보채는 어린것들
아침 매무새를 챙기고
감싸 주던 그 품이
그립습니다

바람 몹시 차가운데
이 밤을
어떻게 보내야 할까요, 어머니

어두워지는 하늘 아래
불빛 하나 둘 깜빡거리면
부르시던 그 손짓이
더욱 그립습니다

풍경 소리

무뚝뚝 떨어지던
목어木魚의 울음소리
풀빛을 흔들고
하늘에 흩뿌려지는
바람의 향기
가라앉았던 나를
울린다, 깊이

영근 이삭처럼
휘청휘청, 그칠 줄 모르고
흔들리는 갈대
바람을 안고
댕그랑댕그랑
오르내리는
풍경 소리
가라앉았던 나를
흔들고

어느 곳
돌 틈으로
아늑하게 들어

연꽃에 앉으라

길목에서

낙조의 그늘에
약속도 잊고
선홍빛으로
스쳐 가는 바람

드는 길에
나는 길에
빈 고향 마을
머뭇대는 발걸음

언덕을 넘는
코스모스 하얀 꽃길
비탈진 하루

오는 길로
가는 길로
바람결 따라 걷는다

내 시간의 끝

반갑지도 않지만
피할 수도 없는
내 시간의 끝
어디쯤에서
기다리고 있을까

멈춰서도 더 가까워질 수 있고
다가가도 멀어질 수 있는
내 시간의
시간은
어디쯤일까

싹 트고
꽃 피고
잎 나고 열매 맺는
그 순리로
피하고 싶지 않은
내 시간

땅끝에 서서

손짓
보일 듯한 거리의
그리움이다

어딘가로 떠나는
땅끝 바닷바람
어딘가를 돌아온
땅끝의 파도

손짓 따라
땅끝에 서서
바람의 높이에 맞춰
돌아오고 떠나는
시간

아쉬움이 아니다, 끝은
마지막 땅을 밟고
첫발을 담그는
감동이다

발자국 길이만큼
추억
여행
이정표를 세운다

빈손

뻐꾸기가 울었다
춘삼월
초가삼간
부엌방에서
깃도 섶도 없는
배내옷에 싸여
아기도 울었단다

잎도 보고 꽃도 보고
더도 덜도 없는
무지갯빛
세월

해가 뜨고
달이 뜨고
별들 반짝이다
찬바람 소리 들면
아무리 하늘을 본들
속절없다

주머니 없는 삼베옷에
손은
다시 빈손

해설

향수와 회귀의 시학

이 태 수 <시인>

해설

향수와 회귀의 시학

이 태 수 <시인>

i) 이행우는 토속적이고 향토적인 정서에 뿌리를 두면서 사라져 가는 전통서정을 지향하고 추구하는 시인이다. 그는 태어나서 자란 고향과 그곳의 고즈넉한 자연 공간, 그 속에서 살아가는 사람들에 대한 그리움과 연민憐憫, 애틋하고 담백한 추억과 향수鄕愁를 거의 집중적으로 소박하게 노래하고 꿈꾼다.

다분히 복고적인 성향의 자연회귀自然回歸와 인간성 회복의 길을 나서는 그는 현실적 삶의 터전인 도회 공간에서도 끊임없이 지난날로 되돌아가듯, 삭막하고 황량荒凉한 세속적 삶을 인정이 따스하게 번지는 옛꿈의 공간으로 이끌어 가는 느낌을 안겨 주기도 한다.

시인이 한결같이 천착穿鑿하는 친자연적 추억과 향수의 공간은 잊혀 가거나 밀려나고 있는 '과거형'들이다. 하지만 그 과거형은 단순히 기억 속에 자리 잡고 있는 과거가 아니라, 시인이 궁극적으로 꿈꾸는 이데아의 세계이며, 현실 초극과 초월의 소망을 품는 세계이기도 하다.

ii) 이행우의 일련의 시에는 고향을 그리워하고 그 추억 속으로 회귀하는 정서의 결과 무늬들로 채워져 있다. 이 향수의 공간에는 어린 시절의 봄이 그대로 자리매김하고 있으며, 그 봄 풍경들은 포근하고 아릿한 빛깔과 향기를 머금은 채 맑고 투명하게 반짝인다.

시인은 마치 타임머신을 타고 시공時空을 거슬러 오르듯, 오래된 지난날로 되돌아가거나 지금·여기에 발을 딛고 있으면서도 먼 기억들을 불러 모아 애틋하게 다독이고 반추反芻하면서 마음을 정화淨化하고 평정을 찾기도 한다.

화자가 이토록 몽매夢寐에도 못 잊어 하는 고향은 태어나서 자란 경북 청도군 매전면 당호리다. 그 옛날의 당호리는 "보릿고개 넘어 / 삭힌 풋감으로 / 삼복 긴 하루, 더운 / 허기도 채우"(「고향의 땅」)던 헐벗은 농촌이지만, 화자에게는 소중한 마음의 본향本鄕으로 공고하게 자리매김하고 있다.

궁핍하더라도 "쑥, 냉이 같은 정으로" "풋풋한 인심"(같은 시)이 넘치고, "감나무 꼭대기에 / 까치밥 남기는 / 후한 마을"(같은 시)이었기 때문이다.

시인은 당호리를 중심으로 매전梅田과 청도淸道로 확산되는 그리움들을 호명하고 되새김질한다. 당호리 인근의 "송사리 몰이에 / 모래탑 쌓던 / 백사장"(「내 고향」)이 기억 속에서 여전히 눈부시며, 수박 서리를 하거나 모래무지, 피라미, 송어, 은어를 잡고 검정 고무신 가득 다슬기를 줍던 추억들이 '연시빛' 노을과 함께 '금빛'으로 환하다. 이 그리움은 현실을 거슬러 가는 물살에 함석배를 띄우게 하고, 어린 시절로 회귀하는 길을 트게도 해 준다.

별빛 담고
달빛 실어
하늘빛 바람 타고
고향으로 흐르는
물소리

냇가
모래밭에 남은
숱한 발자국
눈시울에 묻혀

희미한 눈썹달 아래
들판 너머 마을로
뜸부기 소리 따라

고향으로 흐르는
그리움

—「고향의 강」 부분

토속적 정취가 물씬 풍기는 이 시에 묘사되고 있듯이, 고향을 향한 그리움은 물소리에 하늘빛 바람을 타는 별빛과 달빛을 싣고 담게 할 뿐 아니라 희미한 눈썹달이 뜨는 들판 너머 고향마을로 뜸부기 소리 따라가게 하고, 모래밭에 남은 자신의 발자국을 보게 하는 환상幻想을 안겨 주기도 한다.

당호리로 가는 길은 「매전梅田 예찬」에서처럼, 동창천東倉川이 흐르고 운문댐과 매화(매실)밭들이 자리 잡고 있으며, 시인의 기억에는 눈도 녹기 전에 흰 꽃과 붉은 꽃이 필 정도로 사계절 어느 때나 '봄바람 부는' 곳으로 그려지고 있다. 그래서 꿈을 키우던 추억이 살고 있는 매전은 감꽃 이우는 소리나 솔꽃 향내마저 봄바람을 타는 것으로 여겨지게 하고, 그곳에 살던 사람들의 인정을 각별히 그리워하게 한다.

어매 있고

동무들 많고

유천교 건너들면

동창천이 흘러가고

꽃 피고, 열매 맺고

풍성한 가을 들판만큼

인정이 넘실거리는, 사람들

맑게 사는 청도清道

무심교 기차바위

꿈을 키우던

고향이다

사철 꽃이 피는

매전

—「매전梅田 예찬」 부분

더구나 "사철 꽃이 피는" 매전으로 가려면 유천교와 무심교, 기차바위를 거쳐서 가게 되고, 밤길일 경우 "밤나무 꽃그늘 / 두견새 소리"(「두견새」)를 듣게도 된다. "가슴 열고 / 하늘과 함께"(「봄은 바람이 되고」) 마음은 별빛이 되고, "꽃이 되고, 꽃은 / 봄이고 / 봄은 / 바람이 되"며, "그 바람은 꽃바람 / 봄의 향기"(같은 시)가 되는 무아경無我境에 이르게 되기까지 한다.

그런가 하면, 송사리들과 함께 건너던 맑은 개울 동창천은 "은모래빛"(「동창천」)으로 흐르고, 그 개울을 끼고 있는 "뒷산 중턱 / 소쩍새 소리에 / 하얀 찔레꽃 피면 // 어머니의 눈가에 / 주름지는 고향"(「찔레꽃 필 무렵」)은 동창천 한 굽이 소용돌이 위의 팔작지붕 정자와 예 그대로의 마을은 고즈넉한 정취情趣로 더욱 짙은 향수를 부추길 수밖에 없어 보인다.

청룡 백호의 터를 골라
삼족당을 굽어보는
언덕 위에
삼족대三足臺
구만리를 나는
팔작지붕

초승달
눈썹 미소에
저녁노을 붙잡고
뒷산자락 오르는
뜸부기 소리

세상 이른봄이

하나 둘

열리는 옛 마을

—「향수鄕愁」 부분

마을 언덕에서 물굽이를 굽어보는 팔작지붕 정자亭子의 우아한 모습에다 뜸부기 울음소리를 초승달의 '눈썹 미소'에 저녁노을 붙잡고 뒷산자락을 오른다고 묘사하는 시인의 마음자리는 향토적이고 복고적인 아름다움을 떠올려 보인다. 청도에 가는 발길을 "이슬 머금고, 아침 / 갈지고개 넘어" 간다거나 "봄바람에 / 화들짝 핀 / 복사꽃 / 꽃바람"(「청도에 가면」)과 같은 표현과 청도를 "도원향桃源鄕"(같은 시)이라고 치켜세우는 마음 역시 그렇게 보인다.

화자는 감꽃 향기에 젖어 운문댐의 물결을 그리면서는 "출렁거리는 / 물소리 / 하늘을 걷는다"(「감꽃 향기」)는 환상에 닿기도 하지만, 이 고향에 대한 그리움 속의 애틋한 연민은 아마도 "꽃다운 갓 스물에 / 가난하게 시집와서 / 초가 단칸에서 일곱 남매 길러 / 진일, 마른일, 안일, 바깥일 / 물 마를 날 없는 손 / 정성으로 다 키워 / 시집장가 보내고, 이제 / 그 세월 흔적만 남은 / 꼬부랑 할미"(「어매요」)인 어머니의 치매癡呆때문이기도 할 것이다. 이 안쓰럽고 곡진한 연민은

돌아오는 중에도,
밥상머리에서도,
마주섰던 흰 벽이 눈에 선해
내일은 어매 보고 출근해야지

손전화를 만지작거린다

—「어매요」 부분

라는 효심孝心을 낳게 하는 건 너무나 당연해 보인다. 이 같은 연민의 정서는 지난날 가난한 시절의 보릿고개 때 "한 집 건너 집집이 / 청보리 삶아 / 돌담길 비좁게 / 훈훈한 봄내"(「봄을 건너는 풍경」)를 풍기던 풍경과도 무관하지 않아 보이는 것도 물론이다.

iii) 시인에게 향수는 마음을 정화시키고 위무慰撫해 주는 청량제가 되고 치료제가 된다는 건 현실이 그와는 상반되게 삭막하고 가파르다는 의미일까. 매사에 긍정적이며 착실하고 온건해 보이는 그에게도 일상 속의 파토스들이 없을 수야 있겠는가. 「꿈」이라는 시에서 시인은 "꿈을 깨면, 나는 / 못내 / 목이 마르다"고 털어놓는다. 하지만 현실을 직시直視하면서도 궁극적으로는 긍정적인 시각을 저버리지 않는다.

쳇바퀴 따라
열심히 걷는다

어제 갔던 길
오늘 다시 걷는다
앵무새 소리 휘파람 불며
어제를 밀어내듯
오늘을 간다

다람쥐의 쳇바퀴

—「오늘도 걷는다」 전문

살아가는 일상은 다람쥐가 쳇바퀴를 돌리듯이 같은 일을 반복해야 하고, 언제나 '거기가 거기'라고 하더라도 주어진 일에 최선을 다하는 성실성을 흩트리지 않는다. 어제 갔던 길을 오늘도 걷지만 어제를 밀어내듯 오늘을 간다는 건 어제와 다른 오늘을 향해 간다는 이야기이며, 같은 것 같지만 새로운 길을 지향하는 의지를 완곡하게 내비쳐 보인다고 할 수 있다. 나아가 시인은 '내일로 가는 오늘'을 가려 한다.

가슴을 펴
마음을 덜고

무릎 뻗어
허리를 세운다

그리고 고개 들면
하늘이 있다

무릎 접고, 허리를 꺾어
마음을 덮어
가슴 짓누르던
어제의
하늘이 아니다

내일로 가는 오늘이다

—「내일로 가는 오늘」 전문

이 시에서는 그런 의지를 더욱 구체화하면서 미래지향적인 길을 가려는 적극성을 시사示唆한다. 어제(과거)와 달리 오늘(현재)은 가슴을 짓누르던 마음을 덜어내기 위해 가슴을 펴고, 구부렸던 허리를 바로 세우기 위해 무릎을 뻗으며, 숙였던 고개를 들어 내일을 향해 나아간다.

물론 현실은 순탄하지 않으며 느닷없고 뜬금없는 일들이 다반사茶飯事로 일어나게 마련이다. "봄 꽃잎 사이에 때 없는 단풍 / 늦은 눈바람에 화들짝 핀 코스모스 / 시끄럽게 가슴 치는 팔월의 우박 / 웬 메뚜기 떼 지나간 밀밭 / 동짓달에 부는 태풍까지”(「빈 잔」)만 예로 들어도 그렇다.

그러나 시인은 이런 현실과 맞닥뜨리면서도 이를 극복하려는 의지意志를 완강하게 내비친다. “고래에게 사랑을 고백하는 / 새우의 용기”(같은 시)까지도 불사한다. 심지어는 촛불처럼 “흔들리면 흔들릴수록 / 내 마음은 / 불꽃이 된다”(「촛불」)고도 한다. 하지만 그럼에도 불구하고 현실 속에서의 외로움은 피할 수 없으며, 서로 의지하고 서로를 위해 줄 동반자가 아쉬운 건 숨길 수 없는 사실이다.

함께 걸어가 줄 동행 하나 있으면
좋겠다, 내 이야기 들어 줄 동행
내 속을 보고도 비웃지 않을,
부끄러운 삶 엿보지 않고
어둠에서 손 내밀어 줄
동행 있으면 좋겠다

슬플 때 눈빛으로
기쁠 때 가슴 품으로
마음을 트고
말할 수 있는 동행

하나 있으면

그를 위해 빛이 되고
꽃이 되고, 향기
은은한 동행이고 싶다

나를 위해,
그를 위한 동행
하나 있었으면 좋겠다

—「동행」 전문

인간은 결국 누구나 타인他人일 수밖에 없다. 사회생활을 하면서 많은 사람과 만나고 헤어지고 다시 만나지만, 진정으로 동행同行할 수 있는 사람을 만나기는 지극히 어렵다. 이해타산으로 얽히고설키며, 극단적인 경우는 믿는 도끼에 발등 찍히고, 어제의 동료가 오늘은 적이 돼 버리기도 하는 세태라 해도 과언이 아니기 때문이다. 그래서 '불신시대不信時代'라는 말이 물러나지 않고 있으며, 진정한 친구 한 사람만 있으면 세상을 얻게 된다는 말이 나오기도 한다.

시인은 진정한 동반자를 목말라한다. 이야기를 들어 주고 허점이나 약점도 비웃지 않으며 어려울 때 배려하고 슬픔과 기쁨도 함께 나눌 수 있는 동행을 아쉬워한다. 그런 동반자를 여태 만나지 못했기 때문에 그런 동행 하나 있으면 좋겠다는 소망을 품고 있는 것 같다. 더구나 그런 동반자를 간절히 원할 뿐 아니라 자신이 그 동반자에게 빛과 꽃이 되고 은은한 향기가 되겠다는 결의까지 보여 준다.

최선을 다해 현실을 살아가면서도 기댈 수 있는 언덕은 누구에게나 요구된다. 시인이 과거 지향적이고 어린 시절의 고향에 대한 그리움이 남다른 까닭도 삭막하고 가파른 현실 때문임은 말할 나위가 없을 것이다. 그래서 "드는 길에 / 나는 길에 / 빈 고향 마을 / 머뭇대는 발걸음"이 이어지고 "비탈진 하루 // 오는 길로 / 가는 길로 / 바람결 따라 걷"(「길목에서」)게 되는지도 모른다. 이 같은 현실에 대한 비애는 팔순의 부모님 곁에서 한더위를 식히면서 한동안 안도하게도 된다.

도회의 눈을 잠시 감고
찌든 회색 바람 비껴
어머니의 벽에 기대앉는다

해변이 있고, 바다가 보이고
나무숲 따라가다 보면
푸른 계곡 맑은 물이
숲길로 이어지는 여유

잘 익은 수박 갈라놓고
모깃불도 있고
반딧불도 있는
평상에 앉아
달 없는 밤에
은하수를 건넌다

팔순 부모님 곁
피서避暑

매미 소리에 잠이 깨고
탈탈! 탈탈탈!
감나무 그늘에서, 아침
갈매기 소리보다 훨씬
친절한 경운기 박자
아버지 걸음도 가벼워지고
그제야, 허리 펴는 어머니
긴 숨을 돌린다

강된장에 호박잎
어머니의 손맛

별들이 반짝반짝

흐르는 여름

—「팔순 부모님 곁」 전문

여름의 피서라지만 분명 단순한 피서는 아니다. "도회의 눈을 잠시 감고 / 찌든 회색 바람 비껴" 기댈 수 있는 곳은 어머니 곁이며, 캄캄한 밤에도 어머니 곁에서는 "별들이 반짝반짝 / 흐르는" 여유를 맛보게 되기도 한다. 바다나 산골짜기를 찾아가기보다 고향집 감나무 그늘에서 잠 깬 아침에 듣는 경운기耕耘機 소리가 갈매기 소리보다 훨씬 친절하게 들리는 것도 어머니와 아버지 곁이기 때문이며, 강된장으로 호박잎쌈을 싸 먹는 어머니의 손맛 때문이지 않겠는가. 더구나 그 어머니는 "동생들 잘 보면 / 백고무신 사 준다고 / 보리쌀 너 되에 / 콩 반 말 이고"(「동곡장 가던 날」) 장에 가던 분이지 않았던가.

하지만 이제 시인에게도 그리운 고향은 예 그대로의 고향은 아니다. 고향에 가도 만날 수 없는 부모님은 그리움 저편 아득한 곳에 있을 따름이다. 어머니를 향해서는 "바람 몹시 차가운데 / 이 밤을 / 어떻게 보내야 할까요, 어머니 // 어두워지는 하늘 아래 / 불빛 하나 둘 깜빡거리면 / 부르시던 그 손짓이 / 더욱 그립습니다"(「그립습니다. 어머니」)라고, 소상을 맞아 어버지를 기리면서는 "즐기시던 / 다슬기 생채 한 대접 / 촛불로 길 밝히고 / 향 올리며 / 기별을 기다"려도 "쌍촛대 사이 내왕 흔적도 / 흠향하신 자취도 없어"(「사부곡思父曲—소상小祥」) 정토왕생淨土往生을 기원하고 그리워할 수밖에 없게 돼 버렸다.

시인은 이런 정황 속에서 까치 소리를 더할 나위 없이 반갑게 느끼는 까닭은 "부모님 안부 물고 와 / 고향 소식 전하고 / 여기저기 먼 친구들의 / 근황도 알려 주고 / 정다웠던 이웃의 / 오래된 마음도 / 옮겨"(「까치 소리」) 주는 것으로 여기기 때문일 것이다.

ⅳ) 시인은 고향을 언제나 '봄'이라는 계절에 연계해서 떠올리거나 고향 자체를 한결같이 '봄 속의 공간'으로 그리는 것과는 대조적으로 현실에 발을 디디고 있을 때는 그 배경이 거의 어김없이 쓸쓸하기 그지없는 '가을 속의 공간'이다.

가을은 "산마루에서 / 능선 따라, 붉은 / 비단을 밟고 온다"(「가을은」)고 미화美化하거나 "파란 하늘 이고 / 맑은 방울 소리 / 바람을 타"(같은 시)고 온다고 그리기도 하지만, 상실감喪失感에 연결고리를 달고 있는 비애를 비켜서지는 못한다. 아마도 그래서 가을에는 저녁노을이나 고추잠자리, 타는 불빛과 같은 붉은빛이 빈번하게 끌어들여지는 건 그만큼 그리움의 농도가 짙다는 방증傍證으로 읽힌다.

고추잠자리 맴돌다 간
노을을 등진 채
그리움
붉게 번진
가을 하늘

그리움 활활 타며
서러움의 불티 날리다
눈물로 어우러져
밤이슬 맺히면

뼛속을 스미듯
배어나는 그 향기
가을 하늘에
수繡를 놓는
들국화

—「들국화」 전문

이 시에서 들국화는 산야山野에 피어 있는 가을꽃이라기보다 화자 자신의 내면에 피어 있는 꽃으로 읽힌다. 대상을 그대로 묘사한 게 아니라 화자의 감정을 이입移入하고 투사投射해 떠올리기 때문이다. 화자의 그리움이 빨간 고추잠자리가 맴돌다 간 붉은 노을을 등진 채 가을 하늘에 붉게 번진다는 표현은 그 농도가 어느 정도인가를 짐작케 한다. 게다가 그리움이 활활 타며 서러움의 불티로 환치되고 있는가 하면, 다시 눈물로 어우러져 밤이슬로 맺히고, 그 향기가 뼛속을 스미듯 가을 하늘에 수를 놓는 것으로 비약이 거듭되고 있다.

이 같은 비애悲哀의 정서는 「가을 무렵」에서 "두서없이 맴도는 / 고추잠자리 셋 / 어긋난 짝으로 / 날고" 있는 모습으로, 「만추」에서는 '가을빛'이 '노을빛'과 '익은 감의 빛깔'로 변주變奏된다. 또한 「갈대숲」에서는 "저무는 하늘은, 시방 / 타는 불빛"이었다거나 "타고 남은 / 빈 하늘 / 갈대숲에 잠긴다"고 묘사되기도 한다.

떨어지는 것 안타깝고
가는 것이 아쉬워
아픈 마음

서리 내린 새벽
뒹구는 사연들, 숨어
몰래 보내는 마음

잎 밟는 소리마다
흔들리며

떨어지며 가을은 간다

―「가을을 보내며」 부분

조락凋落의 계절인 가을에는 떨어지고 가는 게 나뭇잎만이 아니라는 사실을 이 시는 여실히 말해 준다. 화자는 아무에게도 드러내 보일 수 없는(진정한 동반자가 없어서) 아쉽고 아픈 사연들 때문에 남몰래 흔들리고 떨어지며 가을을 보내야만 하는 것일까. 아마도 그런 것 같다. 하지만 시인은 그런 아쉬움 속에서도

해 지는 대로
해 뜨는 대로
고개 내밀고
바라본다
<중략>
흘러가는 물빛을 보듯
멀어져 가는 구름을 보듯
내게로 일렁이는
파문을 안고

가을 들판을 돌아
또 어디로 떠날

노을빛 세월을

바라본다

—「바라보며 기다리며」 부분

고, 서러움과 아픔을 삭이면서 관조觀照와 달관達觀의 지평으로 나아가게 되기도 한다. "강변 저만치 / 산 그림자만 드리우고 / 아직 건너지 못한 / 나루터의 고요 // 미명의 세월 / 타래를 감고 있"(「산 그림자 길어지면」)는 오늘을 갈 수밖에 없어 "노을빛, / 빈 잔에 담아 / 그리움을 가늠"(「빈자리 돌아보며」)하게도 된다.

시인은 이윽고 세속 사회에서와는 달리 성스러운 공간에 들어 마음의 평정을 찾게 되고, 고향을 향한 마음과 또 다른 위안을 얻으면서 현실 초월의 통로를 발견하기에 이르기도 한다. 산사山寺의 목어木魚 울음소리와 풍경風磬 소리를 들으면서는

새벽을 우는 목어木魚

애틋한 마음

빛을 구해 촛불을 밝히고

눈을 떠 진리를 찾는

이 밤

—「새벽을 우는 목어」 부분

어느 곳
돌 틈으로
아늑하게 들어

연꽃에 앉으라

—「풍경 소리」 부분

라고 토로하고 있는 바와 같이, 빛을 구해 촛불을 밝히고 눈을 떠 진리를 찾는가 하면, 성불成佛을 꿈꾸면서 연꽃에 앉을 채비도 한다. 산사의 학승學僧이 두드리는 법고法鼓 소리를 뒤로하고 산을 내려오면서 이윽고 맑고 밝은 이데아와도 조우하게 된다. 시 「산사山寺의 아침」의 일부분을 이 글의 마지막에 인용하는 까닭은 시인의 궁극적인 지향처를 암시하고 있는 것으로도 보이기 때문이다.

안개 걷고
귀를 여는 새벽
독경 소리
해묵은 바람에 실려
산문을 나서
해인사
절골로 내려서면

창호에 깊이 밴

큰스님의 죽비 소리

잠 설친

망념을 끊는다

계곡을 흐르는

경염불 소리 따라

도란거리는 햇살도

삭발할

산사의 아침

— 「산사山寺의 아침」 부분

■ 그루 현대시인선 17

그 바람은 꽃바람

초판 1쇄 발행 2020년 5월 25일

지은이 이행우
펴낸이 이은재
펴낸곳 도서출판 그루

출판등록 1983. 3. 26(제1-61호)
06121 서울특별시 강남구 봉은사로 129, 1210호
42452 대구광역시 남구 큰골 3길 30
TEL 02-358-1161, 053-253-7872 / FAX 053-257-7884
E-mail / guroo@guroo.co.kr

값10,000원
ISBN 978-89-8069-418-1

* 본 서적은 2020년 경북문화재단 지역문화예술활성화지원으로 출간되었습니다.